LES COMÉDIENS
OU
LE FOYER.

Comédie en un Acte & en Prose.

Par M***.

Quid facient Domini, audient cum talia fures?

A LONDRES.

M. DCC. LXXVII.

AVERTISSEMENT DE L'EDITEUR.

JE pourrois presque garantir au Public que la petite Piece que je lui offre, est de la même main que le Bureau d'Esprit. Je ne doute pas qu'il n'y reconnoisse sa touche. Il s'appercevra que l'Auteur a proportionné ses traits au sujet. Il n'a pas cru, sans doute, devoir à des Histrions, dont l'insolence a découragé long-tems les Auteurs, & enfin fatigué le Public, les mêmes ménagemens qu'à des hommes dont les talens estimables rachetoient en partie les travers. J'espere que l'on me saura bon gré de la petite tricherie que je lui fais en publiant cette bagatelle, & qu'il me pardonnera lui-même de l'avoir mise au jour sans son aveu. Le moment est favorable, cette juste critique, en vengeant les Gens de Lettres & en amusant le Public, pourra être utile à ceux même sur qui elle porte.

ACTEURS.

MESSIEURS

GENGISKAN.
CRISPIN.
ALCESTE.
LUSIGNAN.
HYPPOLITTE.
HARPAGON.
MONVILAIN.
CRISPINET.
NIGAUDIN.
POSEZERO.

MESDAMES

ALCESTE.
AMENAIDE.
MINAUDIER.
BERTINET.
CRISPIN.
D......

Autres Acteurs & Actrices.

L'Ombre de Moliere.
M. GLAÇON, Poëte.
ÉTIENNE, Valet du Théâtre.
Un Exempt.

La Scene est dans le Foyer ou Salle d'Assemblée des Comédiens.

LES COMÉDIENS
OU
LE FOYER.

SCENE PREMIERE.

(*Le Théâtre repréfente le Foyer de la Comédie, on y voit paroître* CRISPIN *de mauvaife humeur*).

CRISPIN.

Eh bien! les Valets du Théâtre... oh! la maudite race; il eft auffi difficile de faire faire leur devoir à ces gens-là, que de tirer nos Dames de leur lit, quand la Scene ne fe paffe point en monologue. Hé, hé, Etienne... Laurent... oh! le Foyer ne fera pas prêt d'aujourd'hui. Hé, hé, Etienne, Etienne, Etienne.

SCENE II.
Le même, ETIENNE.

ETIENNE.

Eh bien, eh bien, Monfieur, vous criés bien fort.

CRISPIN.

C'eſt que j'ai hâte.

ETIENNE (à part).

Il a hâte, il faut que ce ſoit pour faire niche à quelque pauvre Auteur.

CRISPIN.

Arrangés-moi ces bancs, placés-moi les fauteuils, & mettés vis-à-vis un tabouret avec la petite table.

ETIENNE (en plaçant le tabouret).

Bon, je vois bien que vous allés faire juſtice, voici la ſellette.

CRISPIN.

M. Liſidor eſt-il arrivé?

ETIENNE.

Non Monſieur.

CRISPIN.

J'eſpere qu'il ne tardera pas, & je prétends, en dépit d'Alceſte & Gengiskan même, qu'il liſe ſa piece aujourd'hui.

ETIENNE.

Mais, Monſieur, j'ai été moi-même, porter heure & jour, avant-hier, de la part de Madame Amenaïde à M. Cothurne, pour lire ſa Tragédie.

CRISPIN.

Oh bien, ce ne ſera pas aujourd'hui, je te jure.

ETIENNE.

Ah! Monſieur, les Dames doivent avoir le pas, ſur-tout au Théâtre, n'en ſont-elles pas les colonnes & les appuis.

CRISPIN.

Ces Begueules-là ne ſont pas contentes de joindre à leur part entiere, un Caſuel énorme, auquel nous autres pauvres malheureux ne pouvons pas penſer;

il faut que cela foure le nez par-tout, & y mêle fans ceſſe ſon caquet.

ETIENNE.

Tu bleu, Monſieur comme vous les habillés !

CRISPIN.

Cette haquenée qui chante la Tragédie, & qui balancent ſans ceſſe avec prétention deux bras qui n'expriment rien.....

ETIENNE.

Ah Monſieur, Monſieur, elle a du talent.

CRISPIN. (*malignement*).

Oui du talent ! & qu'elle fait bien valoir ; mais ce n'eſt pas celui-là dont il s'agit.

ETIENNE.

Tenés tenés, Monſieur, voilà Monſieur Alceſte avec un petit Monſieur que je ne connois pas.

SCENE III.

CRISPIN, ALCESTE, M. GLAÇON.

ALCESTE.

Bon jour, Criſpin, j'aurois bien cru arriver ici devant toi, parbleu, mon ami, cette chienne de Gogote a le diable au corps ; mais je compte bien lui donner aujourd'hui un pied de nez.

CRISPIN.

Pied pour pied, mon pauvre Alceſte, vous lui en devés plus de mille toiſes.

ALCESTE.

Oh ! Quant a cela, c'eſt un petit malheur.

CRISPIN.
Bien dit, voilà ce qui s'appelle prendre les choses en bon Comédien.

ALCESTE.
Je compte sur toi, au moins, tu me seconderas.

CRISPIN.
Volontiers, mais à charge de revanche.

ALCESTE.
Connois-tu Monsieur Glaçon ?

CRISPIN. (*faisant une révérence à M. Glaçon*).
Je n'ai pas cet honneur.

ALCESTE.
C'est un débutant, mon ami.

CRISPIN.
Un débutant ?

ALCESTE.
Oui, dans la Carriere Dramatique ; il ne s'agit que d'une bagatelle, un seul acte, mais c'est du bon.

CRISPIN. (*bas, a Alceste*).
As-tu lu cela toi ?

ALCESTE. (*de même*).
Parbleu si je l'ai lu, sans doute.

CRISPIN. (*toujours bas*).
Qu'est-ce que c'est ?

ALCESTE.
Ah ! c'est un bon homme.

CRISPIN.
Recommandé par quelque Puissance ?

ALCESTE.
Non, pas autrement.

CRISPIN.
Oh ! il faudra qu'il attende.

ALCESTE.

ALCESTE.

Ah! ma foi, mon ami, la piece est fort jolie.

CRISPIN. (*avec réflexion*).

Fort jolie? il a l'air bien sec, si l'on pouvoit avoir cela... hem.

ALCESTE.

Oh! ce seroit conscience.

CRISPIN.

Conscience, comment conscience! nous ferions r'habiller ça par M. Fadin, le Poëte de la troupe, on donneroit à ce miserable ses Entrées, cela se fait sans déboursé.

ALCESTE.

Ma foi, mon cher ami, tu jettes toujours de nouvelles lumieres sur le Sanhedrin comique.

CRISPIN.

Attends, attends, je vais arranger tout cela. (*haut à M. Glaçon, avec un air d'importance*). Vous avez donc une piece Monsieur?

M. GLAÇON. (*respectueusement*).

Oui Monsieur. Monsieur Alceste qui a daigné me la faire lire, m'en a paru assez content, & si vous vouliés me faire la grace d'y jetter un coup d'œil, j'aurois peut-être assez de bonheur......

CRISPIN.

Un coup d'œil Monsieur, c'est fort bien dit un coup d'œil, mais nous sommes trop pressés.

M. GLAÇON.

C'est l'affaire d'un quart-d'heure, Monsieur.

CRISPIN.

Hé bien l'on vous mettra sur la Liste, & votre tour viendra.

M. GLAÇON.

Puis-je espérer Monsieur, que ce sera bientôt?

CRISPIN.

Oh oui Monsieur..... bientôt, dans trois ans peut-être, tout au plus tard dans quatre.

M. GLAÇON.

Dans quatre ans! (*à part*) renonçons au Théâtre, autant vaudroit à un Indigent comme moi, fonder sa cuisine sur les caprices d'un Grand, que sur ceux de ces histrions là.

CRISPIN.

Si vous voulés Monsieur, me laisser votre piece.

M. GLAÇON.

Eh bien, Monsieur?

CRISPIN.

Je la verrois cependant.

GLAÇON.

Monsieur, Madame Alceste que voilà, s'est contenté de la lecture que je lui en ai faite.

CRISPIN.

Hé bien, Monsieur, il faudra que vous attendiés votre tour.

M. GLAÇON. (*les larmes aux yeux*).

Trois ou quatre ans, Monsieur! (*à part*) cruelle nécessité, comme tu humilies le talent!

CRISPIN. (*bas à Alceste*).

Cet homme a les dents longues! je te jure, mon ami, que nous aurons sa piece à très-mince forfait.

ALCESTE.

Ma foi ce pauvre diable me fait pitié.

GLAÇON. (*lui donnant son cahier*).

Je vous la livre donc Monsieur.

CRISPIN. (*avec importance*).

Fort bien, Monsieur, fort bien. Vous pouvés revenir la semaine prochaine.

GLAÇON. (*en sortant*).

Pauvre talent! pauvre talent!

CRISPIN. (*qui l'a entendu*).

Tu as par ma foi raison, c'est un pauvre talent, qu'un talent pauvre; mais tenés voici du monde qui nous arrive, c'est Nigaudin & Harpagon.

SCENE IV.

Les mêmes, NIGAUDIN, HARPAGON.

NIGAUDIN. (*qui doit bredouiller pendant tout son rôle*)

OH PARBLEU, Messieurs, la foire sera bonne, les Marchands arrivent de tous côtés. Voilà Harpagon qui nous amene un Auteur Comique larmoyant, & moi je vous procure lecture d'une Tragédie en six Actes. Oh par ma foi il y a des tirades! Je voudrois bien savoir comment M. Gengiskan se tirera delà.

CRISPIN.

Mais tu extravagues mon pauvre Nigaudin, tu te mêles de juger la Tragédie, toi.

NIGAUDIN.

Pourquoi pas?

ALCESTE.

Crispin a raison chacun à sa partie.

NIGAUDIN.

Ma foi Messieurs, je suis de bonne foi, moi. Je tâche de prendre le ton de mes Camarades, Crispin, qui parle tant, nous a attirés pour le moins vingt Tragédies; la recette a déposée contre, puisque je vois que c'est affaire de hasard. Je m'en mêle, car j'ai la main heureuse.

B ij

(12)
CRISPIN.
Songés que vous parlés à votre ancien, il y a vingt ans que je décide, le Public s'en est apperçu, il n'a rien dit. Je ne vois que les Auteurs qui s'en plaignent.
HARPAGON.
Eh c'est une pauvre espèce que ces gens-là Cela est bon à nous faire des rôles & à se taire.
CRISPIN.
Aussi je voudrois bien voir qu'ils prissent des tons. Mes amis, mes amis, laissés-moi faire, je vous prêcherai d'exemple, & vous apprendrai à soutenir les prérogatives du Corps.

SCENE V.

Les mêmes, Madame AMENAIDE,

Madame AMENAÏDE.
Ah! mon Dieu, je suis excédée, (*elle se jette dans un fauteuil*). Eh bien M. Cothurne... où est donc ce Poëte-là, en vérité, il est aussi lent à se rendre ici que Mlle. Berniner, ces deux toilettes-là ne sont pourtant pas du même détail.
ALCESTE.
Vous avés raison, Madame, une vieille Comédienne, & un jeune Poëte, n'ont pas également le droit de se faire attendre. Madame AMENAÏDE.
Voilà de vos traits, M. Alceste; en vérité j'aime à voir *vieille Comédienne* dans votre bouche.
CRISPIN.
Il est certain que nous devrions en parler mieux, car si elles valent quelque chose pour nous, c'est toujours sur l'arriere saison.

Madame AMENAÏDE.
Bravo, Messieurs, allés vous ajouter que vous avés vos raisons pour parler ainsi.

SCENE VI.
Les mêmes, CRISPINET.

CRISPINET.
Messieurs, Mesdames, en vérité, il se passe là-bas une Scene très-plaisante. Que Diable veut donc dire cela, je crois que tous les Auteurs de Paris se sont donnés rendés-vous aujourd'hui ici, ma foi Crispin, prenés garde à vous, ils se poussent, ils se pressent ; c'est un sabat véritable : avec tout votre talent, vous aurés bien de la peine à faire la Police.

CRISPIN.
Oh parbleu nous verrons ça, j'y cours.

SCENE VII.
Les Dames ALCESTE, CRISPIN, BERTINET, *& les Acteurs précédens.*

Madame ALCESTE.
Eh mais voyés donc cét original de Crispin, il semble qu'aucun Auteur doive arriver aux honneurs de la représentation sans son attache.

Madame CRISPIN.
Je crois Madame, qu'il a pour cela quelque droit.

Madame ALCESTE.
Comment, Madame, vous prenés le parti de votre mari ? Mais c'est affreux cela, savés-vous bien que je le dirai à Hyppolite.

Madame CRISPIN (*en minaudant*).
Si vous vous avifiés de prendre le parti du vôtre; il faudroit avertir les intéressés à son de trompe.

ALCESTE.
Mefdames, fçavés-vous qu'entre femmes comme vous, ce font là des Complimens.

Madame CRISPIN.
Oh bien mon Mari, vous ne me complimenterés jamais autant que je le mérite.

Mlle. MINAUDIER (*bas à Mlle. Bertinet*).
Comme cette Gogote eft impudente, ma chere amie.

Mlle. BERTINET.
Vous avés raifon, fi elle fe conduifoit comme nous; paffe encore.

Mlle. MINAUDIER (*à part*).
Comme nous! elle ne parle pas du paffé fans doute.

SCENE VIII.

Les mêmes.

CRISPIN. (*à la porte, parlant à des gens qui font en dehors*).

EH MESSIEURS, attendés donc s'il vous plaît, vous ne fauriés lire tous à la fois, nous vous expédirons les uns après les autres. (*Il ferme brufquement la porte*). Le Diable m'emporte, tous ces gens-là font foux. Tout le monde eft-il ici?

NIGAUDIN.
Pas encore, je vais avertir Hyppolite & Pofézero, qui font dans le Jardin.

CRISPIN.

Eh bien quand ils seront montés nous pourrons commencer.

Madame ALCESTE.

Vous aurés au moins la politesse d'attendre les Dames.

CRISPIN.

Oh pour cela, à onze heures sonnées, tant pis pour celles qui ne seront pas arrivées.

Madame ALCESTE.

Pour moi, je m'en moque ; j'ai mon affaire ici ; écoutés moi, (*elle tire un rouleau de papier de sa poche*). c'est une Comédie Messieurs.

CRISPIN.

Quoi vous allés lire....

Madame ALCESTE.

Oh, oui sans doute, on ne recevroit personne de mon tems, dans la Compagnie, qui ne sut lire ; est-ce que vous trouvés ce talent étrange ?

CRISPIN.

Mais je crois qu'il seroit convenable que l'Auteur ui-même....

Madame ALCESTE.

Bon, bon l'Auteur, il est au lit.

CRISPIN.

Comment au lit.

Madame ALCESTE.

Oui, le pauvre diable s'est morfondu pendant trois heures dans l'anti-chambre du Soudan Orosmane, après s'être beaucoup échauffé pour y arriver à l'heure indiquée, & il est grippé d'importance.

CRISPIN.

Mais quel pouvoir avés-vous ?

Madame ALCESTE.

Quel pouvoir ! mais voyés donc Crispin.... quel

pouvoir, celui de protéger mes amis tout comme un autre, quand le tour d'un pauvre here est passé ici, il faut qu'il coure dix ans après. (*on entend du bruit derriere la Scene*). mais, mais mon Dieu quel vacarme.

CRISPIN.

C'est quelque guerre Littéraire apparemment qui prend naissance là-bas. (*on entend encore le même bruit*). Comment? il me paroît que ces Messieurs manquent de respect à la maison du Roi!

Madame ALCESTE.

Hélas mon pauvre ami, c'est qu'ils t'auront vu, & que pour un pareil logis tu es une bien pauvre Enseigne.

Madame CRISPIN.

En vérité Madame, Soubrette vous fûtes, & Soubrette vous ferés.

Madame ALCESTE.

Bégueule vous fûtes, Madame, & Bégueule vous ne cesserés pas d'être.

ALCESTE. (*en ricannant*).

Bravo, cela s'échauffe, ah ça Meidames, encore un coup en vous disant vos vérités, ménagés votre honneur.

Madame CRISPIN. (*d'un ton précieux*).

Cessés vos fades sarcasmes, Monsieur, ne craignés rien, votre honneur est en sûreté avec moi, & je ne sortirai pas des bornes.

Madame ALCESTE.

Des bornes, des bornes, j'aime beaucoup bornes, si Madame se renferme dans les siennes, elle ne fera pas beaucoup de chemin.

SCENE

(17)

SCENE IX.

Les mêmes, GENGISKAN, HYPPOLITE, NERESTAN.

GENGISKAN. (*en entrant avec dignité & parlant à Nereſtan*).

OUI, je l'ai vu, je l'ai admiré ; j'apporte ſes inſ‑tructions ſur ce que nous devons recevoir ou ſur ce que nous devons rejetter.

CRISPIN.

Oh eh, nous prenons le parti de nous ſoumettre à lui, nous en ſerons réduits à tout ce qui ne lui paroîtra pas aſſez bon pour lui porter ombrage.

GENGISKAN.

Qu'oſés-vous dire ;

Pour aider l'Acteur à rendre ce qui ſuit du ton de Gengiskan, on a pris la précaution de le noter, & comme pendant (les termes, il doit avoir le bras levé parallelement à l'épaule, il faudra que celui qui joue le rôle de Criſpinet, s'empreſſe d'aller lui ſoutenir, de crainte qu'il ne tombe, ce Jeu de Théâtre doit être bien rendu).

Promettez, ména‑cez ; Que ſa muſe i‑ci règne :

Qu'on adore AROUET, Et ſur tout qu'on le craigne.

HYPPOLITE. (*en bégayant*).

m m m m m Mais c'est bien assez vraiment à une Société de gens comme nous de recevoir le ton d'un Auteur célèbre ;.... si nous voulions en croire tous les Poëteraux de Paris, il n'y a pas un de ces petits Messieurs qui ne veuille s'ériger en Aristarques. Oh, il faut bien les tenir à l'ordre.

GENGISKAN.

Je crois que nous sommes tous assez d'accord là-dessus.

CRISPIN.

Soyés les bien venus, Messieurs, je vous attendois avec impatience pour la lecture d'une piece. Nous avons sur les bras plus d'ouvrage que je ne pensois : malgré les réglemens chacun a fait venir son Auteur, & je ne sai plus auquel entendre.

GENGISKAN.

Cela me paroît bien singulier, car je n'ai vu personne là-bas.

CRISPIN.

Comment donc personne là-bas !

GENGISKAN.

Pas une ame, je vous jure, & cependant le tems est fort avancé.

CRISPIN.

Mais vous m'étonnés, oh bien, oh bien, je m'en vais voir cela. (*il sort*).

SCENE X.

Les mêmes, MONVILAIN.

MONVILAIN. (*entrant*).

MA FOI Messieurs, j'arrive enchanté, nous jugerons enfin aujourd'hui autrement que par les boulettes noires, blanches & marbrées.

HYPPOLITE.

Oui, il faut que chacun dise son sentiment.

MONVILAIN.

Ça n'est pas douteux ; il est absurde qu'un Acteur connoisseur comme il doit l'être, & homme d'esprit comme il s'en trouve, n'exprime sa pensée que par du blanc, du noir, ou du diapré. Oh Messieurs, Messieurs, un pareil jugement étoit trop vague.

CRISPINET.

Ah ça Monsieur Monvilain, qui êtes, si je ne me trompe, l'homme d'esprit comme il s'en trouve, dites-moi un peu, comment reçoit-on vos pieces aux Italiens ?

MONVILAIN.

Mais comme elles méritent de l'être, bien.

CRISPINET.

C'est-à-dire qu'on vous traite en Confrere, mais le Public n'a pas la même indulgence ; vous le savés bien.

HYPPOLITE.

Oh parbleu, il seroit plaisant de voir le Carlin, M. Pantaleon faire le gros dos.

CRISPINET.

Sur-tout contre votre doublure.

MONVILAIN.

Doublure ! toujours, toujours des expressions d'un Public de mauvaise humeur ... doublure ! Monsieur Crispinet on pourroit aller jusqu'à *triplure*, mais je n'aime point les termes mal-honnêtes.

CRISPINET. (*d'un ton comique*).

Pardon, Milord.

MONVILAIN.

Encore ?

C ij

CRISPINET (*de même*).
Marquis.

MONVILAIN.
C'est bien fade.

CRISPINET (*de même*).
Prince, Roi.

NERESTAN.
Terminés tout ce pointillage, voilà Crispin qui reviens tout seul.

SCENE XI.

Les mêmes, CRISPIN.

CRISPIN.
MA foi, Messieurs, j'ai cherché par-tout ; tous nos beaux esprits sont décampés,

MONVILAIN.
Décampés ?

CRISPIN.
Oui, il n'y a pas un Chat.

Madame ALCESTE.
Bon, je lirai ma piece.

CRISPIN (*tirant un cahier de sa poche*).
Un instant, s'il vous plaît, l'homme est décampé, mais la piece ne l'est pas.

CRISPINET (*tirant aussi un cahier*).
Oh parbleu chacun prêche pour son Saint.

(*Ici tous les Acteurs & Actrices s'empressent de tirer des cahiers de leurs poches, lisent en même-tems, se disputent à qui lira, & font beaucoup plus de tapage que les Auteurs n'en ont fait derriere la Scéne*).

SCENE XII.

Les mêmes, Mademoiselle D......

GENGISKAN (*d'un ton tragique*).

ARRETÉS barbares... non, illustres Compagnons, vous ne lafferés pas périr un infortuné à qui, depuis dix ans, le ciel de mon lit a servi de trône... Que dis-je, de trône.... vous le savés grands Dieux, sans le songe que vous m'avés envoyé cette nuit, sans l'ombre d'un Auteur malheureux, qui m'a menacé dans les ténèbres, ç'auroit été son tombeau.

Mlle. D...... (*en entrant*).

Hé bien, Messieurs, avés vous décidé quelque chose, ai-je un Rôle dans la Piece nouvelle?

CRISPIN.

Oui nous en jouons ici une fort singuliere, tous nos beaux Esprits ont pris la fuite, joués nous, si vous voulés, le personnage d'Auteur.

Mlle. D......

Qui, moi! le personnage d'Auteur?

CRISPIN.

Pourquoi pas, il y a tant de femmes qui s'en mêlent aujourd'hui, qu'on ne doit pas s'étonner si le métier est tombé en quenouille.

Mlle. D......

Oh, je suis plus modeste; je sens que cette prétention est au-dessus de moi, que je ne suis pas plus en état d'y aspirer que de m'ériger en Juge, & certainement, je n'ai jamais prise cette liberté.

CRISPIN.

Tant pis, Mademoiselle, tant pis, c'est renoncer

aux prérogatives de votre état, & que deviendroit le théâtre, si chacun de nous en faisoit autant ?

Mlle D......

Ce qu'il fut du tems de Moliere, du tems de Corneille & de Racine, lorsque les Comédiens consultoient les Auteurs, & que le Public seul, avoit droit de prononcer sur ceux-ci.

Madame ALCESTE.

Mais savés-vous bien, ma chere Demoiselle, qu'il n'y a pas le sens commun à tout ce que vous dites-là, & que dans tous les sens, vous êtes au Théâtre, un être fort extraordinaire.

Mlle. D...... *(avec douceur & en riant)*.

Fort extraordinaire ! comment donc cela ?

Madame ALCESTE.

Oui, très-extraordinaire, d'abord, vous n'avez pas nos mœurs, ensuite vous renoncés à nos usages, & puis vous anéantissés nos prérogatives, oh ce n'est point là avoir l'esprit du corps.

Mlle. D......

Je crois que le corps s'attachant à un bon esprit, le Public....

CRISPIN.

Le Public ! le Public ! j'enrage. Il n'y a qu'à le laisser faire le Public, il fera de belles choses vraiment.

Mlle. D......

Mais quand on ne metteroit à cela, qu'un sentiment de justice ; c'est lui qui paye, il faut qu'il soit content du moins.

CRISPIN.

Qui paye ! & les petites loges, Mademoiselle ? on en fera parbleu dans toute la Salle.

Mlle. D......
Voilà la cause de ces Chambrées vuides que nous avons si souvent ; on se lassera bien-tôt de payer pour ne rien voir.

Madame CRISPIN.
Oh en vérité, si on étoit si scrupuleux avec le Public, il vaudroit mieux être Galérien.

Mlle. D......
Au moins en couteroit-il, pour le satisfaire, un effort plus pénible pour bien des personnes, que celui de ramer.

Madame ALCESTE.
Hé quel est-il donc s'il vous plaît ?

Mlle. D......
Celui d'être modeste.

Madame ALCESTE (*avec ironie*).
Oh que c'est précieusement dit ! jolie vertu vraiment pour une Comédienne.

CRISPIN (*avec chaleur*).
Bien Gogote, à merveilles Gogote, il faut sur la Scene pousser la hardiesse jusqu'à l'impudence.

ALCESTE.
Sur ce pied là, je vous donne, ma chere moitié, pour la premiere Comédienne du monde.

(*Tous les Acteurs se mettent à rire*).

Madame ALCESTE.
Mais voyez moi donc rire ces nigauds ! savés-vous, Messieurs, que si vous continués, je prendrai le parti des Auteurs, moi.

CRISPIN.
Silence, Messieurs, un moment, un moment, on frappe à la porte.

SCENE XIII.

Les mêmes, un Valet de Théâtre.

LE VALET.

Il y a là un Monsieur qui voudroit entrer.

CRISPIN.

Quel homme est-ce ? un Auteur ? il faut espérer qu'il nous en restera au moins un de toute la volée, qui nous étoit tombée ce matin sur les bras.

LE VALET.

Ma foi, Monsieur, Auteur ou Comédien ; je n'en ai pas encore vû qui lui ressemble, il est mis comme Monsieur Harpagon, quand il joue dans le Tartuffe.

HARPAGON.

Oh, oh, quel peut donc être cet original là ? il faut le voir, il faut le voir.

CRISPIN (*au Valet de Théâtre*).

Hé bien, fais entrer.

SCENE XIV.

Les mêmes, l'Ombre de Moliere.

HARPAGON.

Quel est donc cet original ?

L'Ombre de Moliere.

Vous ne me reconnoissés pas ?

Tous.

Non.

L'Ombre de Mol....

Je le crois bien, je vous suis assez étranger : on a

de

de moi si peu d'idée ici, que quand on me représente, je ne me reconnois pas moi-même.

GENGISKAN.

Qui êtes-vous donc ?

CRISPIN.

A cet air, à cette allûre, je parie que c'est quelqu'Auteur chagrin.

L'Ombre de M....

Je vous en répondes, tout aussi mécontent de vous que le Public : je suis Moliere.

Tous, avec surprise.

Moliere !

CRISPIN.

Ombre respectable, & que nous avons tant fêtée il y a quatre ans.

L'Ombre de M....

Tant fêtée il y a quatre ans ! & que vous outragés tous les jours ! Misérables Histrions, méritésvous que moi-même je vienne vous informer de la distance qu'il y a toujours eu de Moliere Auteur, à Moliere Comédien, & vous apprendre le respect dû au génie qui vous met la parole à la bouche.

MONVILAIN.

Divin Moliere, tout le monde ici n'est pas également coupable de cette erreur : il y a, sans condit une espace immense de celui qui invente à celui qui déclame, je l'ai souvent mesuré.

L'Ombre de M....

A vôtre aulne, mon ami ; mais cette mesure ne valoit rien.

MONVILAIN.

Mais mes succès...

L'Ombre de M...

Vos succès ! il ne vous en revient pas un claquement

D

de mains, le Musicien le revendiqueroit, ce ne sera jamais le titre d'Auteur pitoyable qui pourra ajouter à celui de Comédien médiocre. Au reste, l'insolence, si jamais elle avoit pu se trouver à côté des véritables talens, en auroit bientôt terni le mérite & l'éclat. Faire de vous un Ecrivain, ce seroit vouloir changer la nature : s'attendre à vous voir devenir véritablement Comédien, cela seroit, peut-être, possible; quoique cette nature un peu marâtre à votre égard y ait bien mis aussi quelques obstacles. Vous pourrés les vaincre ou les dissimuler, du moins, si vous savés tirer parti de la retraite que le Public indigné...

MONVILAIN.

Le Public indigné !

L'Ombre de M....

Oui, & avec justice, de vos exceptions ridicules. Savés-vous qu'il a fallu vingt-cinq ans pour endormir le Parterre sur le dédain insolent de votre camarade Gengiskan pour presque tous les rôles, excepté les huit ou dix, qu'il lui fait quelquefois la grace de hurler ? vous qui fouliés n'aguères les treteaux de campagne, vous flattés-vous donc d'être déjà assez avancé dans ses bonnes graces pour faire l'essai de vos caprices sur de pauvres débutans qui ne sont pas plus mauvais que vous ? Au reste, l'insolence du corps se manifeste en s'étendant & elle réveillera l'autorité qui a le pouvoir de punir des Etres insensibles aux sifflets.

Tous.

Les sifflets, les sifflets !

L'Ombre de M....

Oh! vous avés raison, je sais bien qu'ils ne vous font pas grand chose, mais on saura s'y prendre....

SCENE XV.

Les mêmes, un Exempt.

L'Exempt.

Le sieur Monvilain.

MONVILAIN.

Me voilà.

L'Exempt.

Pour avoir manqué hier au Public, Monsieur, ayés la bonté de me suivre en prison jusqu'à ce que l'on dispose de vous, & vous punisse comme vous le méritès.

L'Ombre de M....

Fort bien, M. l'Exempt, mais traités-le avec indulgence, il n'est pas encore tout-à-fait endurci, il n'est à la Comédie que depuis peu d'années : pour désespérer tout-à fait d'un homme, il faut qu'il soit arrivé à la part entiere, à travers les applaudissemens ou les huées, n'importe.

SCENE XVI.

Les mêmes, excepté MONVILAIN & l'Exempt.

L'Ombre de M....

Il est juste que les outrages fait au Public, soient punis par ceux qui sont à sa tête : mais ceux que l'on fait à l'Art peuvent bien me regarder un peu. Histrions écoutés-moi ! & apprenés ce qui vous attend, si vous ne respectés pas les Maîtres que Corneille, Racine & Moi vous avons laissés. Créateurs pour vous & vos véritables guides, les Auteurs qui consacrent leurs veilles à la Scene font éclore les objets : comme une glace passive & fidéle, vous devés les recevoir & les réfléchir. Il appartient au Public seul de prononcer des Arrêts (*montrant Gengiskan*). J'aime à voir cet Automate boursoufflé & plein d'une emphase hors de nature, (*montrant Crispin*). Cet Eternel Crispin qui ne lui dut jamais sa grimace, (*montrant Crispinet*). Ce bouffon monotone & digne des Treteaux forains, se donner les airs de juger : (*montrant Hyppolite*). Ce petit Maître insipide & uniforme, ce tragédien criart & haletant à qui il ne faudroit qu'ôter les bégaiemens, ou les contorsions & les élans de poitrine, pour ne lui rien laisser du tout, s'érige aussi en Oracle. Vous, Mesdames les Actrices, qui puisés vos talens dans les boudoirs, & dont quelques unes devroient apprendre à lire, au lieu de se méler de protéger, vous faites aussi tribunal ! il n'est pas jusqu'à ces plats Histrions subalternes qui osent citer devant eux les Muses à qui vous devés tous vos garde-robes & vos carosses.

HYPPOLITE.
m m m Mais, les Auteurs...

L'Ombre de M....
Les Auteurs vous ont donné plus de considération que vous ne méritès. Ils se sont amusés à vous faire des procès, au lieu de vous accabler de ridicules. Il s'en trouvera peut-être un enfin.

ALCESTE.
Illustre M.... daignez nous épargner.

L'Ombre de M....
Méritez-le, devenez attentifs & modestes, souples & reconnoissans ; alors vous verrez renaître des hommes semblables à moi & l'éclat de la Scene Françoise, qui penche vers sa ruine, lui sera rendu. Vous n'ignorez pas qu'elle auroit été étouffée dès son berceau,

par le faux gout & la médiocrité, si le grand Prince que j'avois le bonheur d'amuser s'en étoit tenu aux prétentions des protégés & au dire des Protecteurs.

Mlle. D...... (*à part*).

Il est bien vrai que nous n'avons plus que cela pour nous.

L'Ombre de M....

Un Prince jeune, équitable le sentira, n'en doutés point, il y mettra un ordre. Mon siecle avoit aussi son Gengiskan & ses Crispins, Monfleury hurloient les vers de Tristan : Boursaut & Scarron trouverent des grimaciers à l'Hôtel de Bourgogne ; mais ces Baladins disparurent bientôt & porterent la punition d'avoir écarté le génie de leur tripot, en voulant lui faire la Loi. Mes Acteurs plus soumis & plus sages, la reçurent de moi, aussi leurs noms ont triomphé à l'abri du mien.

CRISPIN (*à part*).

Cette Ombre là, avoit bien affaire ici (*haut*) mais permettés Immortel, M...... que je vous repréfente qu'il n'y a plus d'Auteurs comme vous.

L'Ombre de M....

Plus d'Auteurs comme moi ? Je n'ai qu'un secret ; ce fut d'avoir toujours les yeux attachés sur la nature ; vous exigés, vous, qu'ils ne voyent que par les vôtres. Savés-vous bien que ces yeux là, n'ont pas plus de rapport avec elle, que le jeu ou le teint de vos Dames.

CRISPIN (*à part*).

Cette Ombre là est enragée, elle ne craint pas de mettre le beau sexe contre elle.

L'Ombre de M....

J'ai vû le génie & le talent se morfondre & s'avilir à votre porte ; je viens de leur inspirer un noble orgueil.

CRISPIN (*à part*)

Parbleu ce sera lui qui les aura fait décamper. Il ne falloit pas moins qu'une apparition pour cela.

L'Ombre de M....

Ils vous livreront à ces plats mercenaires sans génie, qui rampent devant vous & reçoivent des soufflets de vos mains.

CRISPIN.

Bon on ne craint pas leur colere, j'ai escamotté plus de trente pieces que j'ai dans mon enfer & les cannevas de plus de cent, qui ne seront pas bien difficiles à remplir.

L'Ombre de M....

Misérable Corsaire, voilà donc l'usage que tu crois faire de leurs dépouilles?

Madame ALCESTE.

Divin M..... oh pour le coup, ce n'est pas seulement les Auteurs, mais toute la troupe même qui vous remerciera de s'abouler ce pié-plat. Si vous pouviés aussi dire deux mots à M. mon mari, vous m'obligeriez beaucoup.

L'Ombre de M....

Avec du talent dans son genre, il devroit moins faire l'important; mais j'ai quelque raison pour le ménager.

Madame ALCESTE.

Comment pour le ménager.

L'Ombre de M....

Oui, je sais par moi-même, combien il est puni d'un autre côté; je fus jadis dans un cas tout pareil au sien.

Madame ALCESTE.

Hé quel est donc s'il vous plaît ce beau cas?

L'Ombre de M....

D'avoir une méchante femme.

Madame ALCESTE. (*en lui montrant les poings*).

Pardié Monsieur Moliere, vous êtes bien heureux de n'être qu'une Ombre!

Mlle BERTINET. (*d'un ton précieux*)

Puisque tout le monde vous dit son mot, Ombre révérée, vous permetterés qu'à mon tour je vous demande si vous m'avés comprise dans le reproche amer que vous avés fait à toutes ces Dames de ne savoir pas lire!

L'Ombre de M....

Quoique vous ne valliés guères mieux qu'elles, vous pouvés en savoir un peu davantage, vous êtes de l'ancien théâtre, vous.

Mlle BERTINET.

Comment de l'ancien théâtre! ne diroit-on pas que je suis de l'autre siecle?

L'Ombre de M....

Tout ce que je puis faire pour vous, c'est de vous dire que vous avés commencé trop jeune & que vous finirés trop vieille.

ALCESTE.

Puisque chacun vous porte ses plaintes, je vous dirai divin Moliere que si quelquefois vous avés à vous plaindre de nous, ce n'est pas ma faute; imaginés vous qu'Hyppolite l'autre jour se mit dans la tête de jouer le Misantrope.

L'Ombre de M....

Le Misantrope! passe pour l'Etourdi.

HYPPOLITE.

m, m, m, mais voyés donc, ce rôle n'est-il pas de mon emploi.

L'Ombre de M....

Emploi? Emploi? que veut dire ce mot? de mon tems il n'étoit en usage que parmi les traitans, & l'on n'employoient les gens qu'à ce qu'ils étoient capables de faire.

HYPPOLITE.

m, m, m, mais vraiment on vous en fera!

L'Ombre de M....

Oh voilà bien mon homme dans son caractère!

HARPAGON.

Hé pourquoi Messieurs s'accuser les uns les autres? c'est ici le cas de prendre des leçons & non pas le moment de persiffler.

L'Ombre de M....

A entendre cette grosse bedaine lâcher cet Apostegme, ne diroit-on pas qu'il y a quelque chose dans son gros chef.

HARPAGON.

Quelque chose ! hé vraiment sans doute, il y a quelque chose. Vous n'avés pas du moins à me reprocher de glisser sur vos traits & de ne pas les rendre.

L'Ombre de M....

Rendre ! vous les rendés souvent comme vous les avés pris, sans les avoir conçus.

HARPAGON.

Comment donc cela ?

L'Ombre de M....

Oui, mon ami vous êtes toujours lourd, & il faudroit être naturel.

HARPAGON.

Ce diable d'homme là, est bien difficile.

L'Ombre de M....

Il seroit superflu de perdre mon tems à vous débarbouiller tous. Ce n'est pas là ce qui m'a amené ici, j'ai cru que ma voix feroit plus d'impression sur vous, que les cris du Public indigné, apprenés à respecter le génie qui vous fait agir & subsister. Vous n'êtes pas faits pour juger, voulés-vous voir des fruits de cette manie, voyés les Pieces qui ont eu vos suffrages, tomber les unes sur les autres, qu'elle m'assacre ! si les sifflets ne vous percent pas les oreilles, croyés que c'est l'ordre Public qu'on respecte, & que le Parterre vous hue dans le fond de son ame. Malheureux ! vous avés à moitié détruit l'art, vous acheverés, si, un autre Théâtre, prêt à s'élever, ne vous écrase, comme ma troupe culbuta les hurleurs & les farceurs de l'Hôtel de Bourgogne ; mais il s'élevra enfin, & vous irés alors faire pendant aux Danseurs de corde, Adieu pour jamais. (*l'Ombre s'évanouit*).

CRISPIN.

A votre aise, Monsieur Moliere, nous tenons encore le privilege.

FIN.

www.ingramcontent.com/pod-product-compliance
Lightning Source LLC
Chambersburg PA
CBHW060538050426
42451CB00011B/1782